LE

SUFFRAGE UNIVERSEL

RATIONNALISÉ

LE
SUFFRAGE UNIVERSEL

RATIONNALISÉ

OU

SUFFRAGE COMPOSITE

PAR

M. J.-B. LACHAUME

PARIS

CHEZ DENTU, LIBRAIRE-ÉDITEUR

PALAIS ROYAL, 13, GALERIE D'ORLÉANS

—

LYON

CHEZ JOSSERAND, LIBRAIRE-ÉDITEUR

PLACE BELLECOUR, 3

1867

LE

SUFFRAGE UNIVERSEL

RATIONNALISÉ

ou

SUFFRAGE COMPOSITE

> La liberté est à l'esprit humain ce que le
> mouvement est à la matière ; elle en est
> une des propriétés nécessaires aussi bien
> que le mouvement est une des proprié-
> tés nécessaires de la matière ; mais
> comme on ne voit pas le mouvement
> se manifester d'une manière uniforme
> dans les combinaisons de la nature, de
> même la liberté ne peut, ne doit avoir
> qu'une puissance d'action relative dans
> les combinaisons sociales.
>
> *(Extrait de mon rapport sur la
> Boulangerie, lu au Conseil muni-
> cipal de Mâcon).*

Liberté est un mot fascinateur, vertigineux, dont les agitateurs, les ambitieux, les mécontents ont trop souvent abusé pour remuer le monde, depuis l'origine des sociétés.

Dire quel en est le sens et la portée, c'est faire tomber de leurs mains cette arme redoutable, c'est détruire la cause de bien des troubles dont nous déplorons les funestes effets.

Qu'est-ce donc que la liberté ? Un attribut, un organe essentiel de la volonté. Retranchez la liberté, la volonté n'est plus qu'un mythe, un être de raison, un désir stérile.

Cependant, il ne faut pas croire que l'action de la liberté, qui lui donne le nom des divers objets sur lesquels elle s'exerce ou peut s'exercer, soit absolue; non, elle est toujours limitée et circonscrite par l'instinct de la conservation individuelle qui, à moins d'erreur, d'égarement des sens et de la raison, n'abandonne jamais l'homme, et l'invite à rechercher ce qui lui est utile ou agréable ; à fuir ce qui lui est nuisible ou contraire. L'instinct de la conservation est le grand modérateur de la volonté libre ; il doit servir de base à la solution de tous les problèmes politiques et économiques.

Partant de là, l'homme, comprenant que l'isolement lui est fatal, qu'il est pour lui une cause de faiblesse, s'est, pour en sortir, rapproché de ses semblables, en faisant à cette nécessité le sacrifice indispensable d'une partie de sa liberté, de ses prérogatives naturelles.

C'est donc pour obéir aux injonctions de l'instinct de la conservation individuelle que l'ordre social a été constitué.

Mais une société ne peut subsister sans un pacte qui fixe la règle, l'étendue des sacrifices imposées à chacun de ses membres, qui détermine d'une manière claire, nette et précise, ce qui est prescrit, défendu, permis, réservé.

Le pacte social étant convenu, qui repoussera les attaques incessantes auxquelles il est exposé ? qui en

fera observer les prescriptions, quand elles seront mé-
connues ?

Ici se fait sentir la nécessité d'un pouvoir exécutif,
autorité à laquelle est déféré ce mandat bien difficile
à remplir ; d'autant plus difficile à remplir que, tout
n'ayant pas été prévu, il y a souvent obligation de
pourvoir à des difficultés fortuites, et qu'il s'agit de
concilier des intérêts bien souvent contraires.

Ce pouvoir reçoit différentes appellations, selon la
forme qu'il affecte : il est monarchique, oligarchique,
républicain.

On le voit, ce pouvoir, ainsi que le pacte dont il
est le corollaire, doit être l'expression des volontés individuelles, s'affirmant par le suffrage, par le vote, et quel-
quefois exceptionnellement par le consentement tacite,
seules manières de se manifester.

Il existe plusieurs sortes de suffrages : le suffrage est
restreint ou universel, il est direct ou indirect.

Le suffrage restreint n'admet au vote que quelques
individualités occupant une position sociale déterminée ;
au contraire, le suffrage universel n'excepte personne :
par cela même qu'on est citoyen, quels que soient le
rang, la fortune, nous dirons presque la valeur person-
nelle, on est électeur.

Le suffrage direct s'exprime sans intermédiaire obligé.
Le suffrage indirect ou à deux degrés se produit par
la voie de cet intermédiaire imposé.

Il est un autre suffrage que nous appellerons composite, parce qu'il participe à la fois de tous les modes
de suffrage que nous venons d'énumérer.

Cette combinaison nous appartient. Nous l'avons conçue en 1848, et fait imprimer en 1852, à l'époque de la révision de la Constitution, après avoir vu fonctionner le suffrage universel issu de la révolution de 48, qui nous semblait reposer sur une base fausse, irrationnelle, peu équitable.

Nous ne l'avons pas alors livrée à la publicité, elle a été seulement distribuée, en un petit nombre d'exemplaires, à quelques amis, à quelques publicistes, à quelques hommes d'Etat.

Nous supposons que c'est cette combinaison qui a suggéré à M. L. P., rédacteur en chef d'un journal important, l'idée de rechercher et d'exposer, dans les colonnes de ce journal, les différentes manières de voter usitées jusqu'à cette date — 1852 ; — travail curieux qui fait ressortir la valeur et la nouveauté du système que nous avons imaginé et que nous rééditons à la sollicitation de quelques personnes qui, lui ayant donné leur approbation, ont pensé qu'il était utile, dans un intérêt d'ordre, d'en propager les saines doctrines.

Voici ce système, tel qu'il a été mis au jour en 1852, avec de légères modifications qui le complètent, sans rien changer au fond.

Il faut en convenir, la science politique est loin d'être en progrès.

Si, semblable aux nuages, elle affecte à nos regards étonnés des formes incertaines, variées, bizarres, mobiles ; si chacun croit la posséder infuse ; si elle est vague, pleine de doutes et d'obscurités, c'est qu'elle n'a pas encore été érigée en corps de doctrine, à l'instar des mathématiques et des sciences naturelles, et que chacun l'envisage au jour, souvent faux, de l'intérêt privé.

Il serait cependant facile de créer cette science ; il suffirait pour cela de recueillir, comme notions préliminaires, les axiomes moraux et politiques, vérités fondamentales qui, toutes d'intuition, ne se démontrent pas, et servent à démontrer toutes les autres, dont elles sont en quelque sorte le critérium.

Les enseignements de l'histoire, les aphorismes politiques de Letrône, membre de l'Institut, les œuvres de Machiavel et de Montaigne, fourniraient les matériaux de cet utile travail.

La question électorale qui nous occupe en ce moment justifierait, au besoin, les observations qui précèdent. A-t-elle avancé d'un pas depuis l'inauguration du régime constitutionnel ? est-elle moins controversée et moins controversable ?

Hélas non ! Hier, l'élément propriétaire excluait l'élément individuel ; aujourd'hui, c'est l'élément individuel qui domine. Nous ne savons garder aucune mesure, nous tombons dans les extrêmes. En vain le Temps, ce sage vieillard, nous crie ses avertissements ; nous sommes sourds, nous ne l'écoutons pas. Si sa voix, qui est celle de l'expérience, eût été entendue, il y a longtemps que nous aurions compris que le système électoral le plus vrai, le seul praticable, serait celui qui combinerait ces deux éléments, pour les faire concourir au même but ; en effet, on aurait reconnu que, s'il est équitable d'accepter l'action électorale de l'individu, il est équitable et prudent tout à la fois que la propriété, objet de tant de convoitises, présentée par l'histoire, considérée par la Constitution comme une nécessité sociale, ait le rang qui lui appartient ; qu'elle puisse, sous la protection immédiate de la loi électorale, repousser les attaques dirigées contre elle, de quelque part qu'elles viennent.

La protection morale dont on la couvre est insuffisante. On oublie trop que le moyen le plus sûr de mettre l'homme dans la nécessité de bien faire, c'est de le placer dans l'impossibilité de faire le mal.

Aussi, le suffrage universel, tel qu'il nous a été donné par la révolution de février, est-il un contre-sens social ! Il n'a pas de raison d'être en France, où s'agitent des intérêts distincts, opposés, divers, car il blesse la véritable égalité.

Il ne pourrait convenir qu'à un pays courbé sous la fatale et despotique domination du communisme, qui ne saurait imaginer rien de mieux, si le communisme pouvait exister, s'il n'était pas le rêve d'une imagination en délire. En effet, on comprend qu'il soit logique d'attribuer des droits électoraux identiques, dans un pays où tous les biens étant mis en commun, chacun a le même intérêt à la conservation de la chose commune ; en un mot, que des droits identiques correspondent à des intérêts identiques.

Les efforts tentés pour effacer cette tache originelle ont été superflus.

Par exemple, la loi du 31 mai, qui imposait une quarantaine de trois années de domicile, pour être admis à la libre pratique du suffrage, ne pouvait aboutir. Loi d'exclusion temporaire, elle était par cela même injuste et mauvaise ; comme d'ailleurs elle dépassait le but qu'on se proposait, comme les inconvénients qu'elle créait balançaient et au-delà les avantages qu'on en attendait, elle a été bien vite rapportée.

Notre critique serait incomplète et superflue, si nous ne disions comment il faut combiner ces deux éléments individuels et propriétaires, de manière à leur donner la place et le rôle qui leur conviennent dans le mécanisme de notre loi électorale.

Pour cela, recherchant quelle est leur valeur relative, faisons, dans le domaine de la physique, une petite excursion qui rendra plus saisissantes, plus palpables, les démonstrations qui viendront ensuite.

Dans le monde matériel, dans le monde physique, deux forces se disputent l'empire de la matière.

La première, la force centripète, en attire les molécules vers un centre commun, autour duquel elle les groupe, les réunit.

La seconde, la force centrifuge, tend à isoler ces molécules, à les soustraire à l'action de la force centripète, à les éloigner du centre commun.

Supposons que l'une de ces deux forces l'emporte sur l'autre ; qu'arrivera-t-il ? De deux choses l'une : ou la matière subira, outre mesure, l'action de la force centripète, ou, cédant à l'action de la force centrifuge, ses molécules, divisées à l'infini, iront se perdre en rayonnant dans l'espace.

Dans le premier cas, la densité de la matière deviendra si grande, qu'elle ne sera plus qu'un bloc de pierre frappé de stérilité ; dans le second cas, à défaut d'une juxtaposition suffisante, ses molécules ne pourront plus combiner leurs propriétés de manière à produire les merveilles qui excitent notre admiration.

L'existence du monde, l'ordre et l'harmonie qu'on y remarque, sont donc subordonnés à l'équilibre entre ces deux forces.

On observe quelque chose de semblable dans le monde moral, dans les sociétés humaines : deux forces sollicitent également l'homme en sens inverse.

C'est, d'un côté, la force agrégation, force d'affinité ; c'est, de l'autre, la force liberté, force d'indépendance.

La force agrégation a pour cause le sentiment de faiblesse, d'infériorité, de défiance, qui s'empare de l'homme lorsqu'il est isolé ; sentiment qui le porte à se rapprocher de ses semblables, à unir avec leur action et leur volonté son action et sa volonté, afin de surmonter plus facilement les obstacles que la main de fer du destin oppose à la satisfaction de ses besoins.

La force agrégation a pour effet d'appeler, de diriger les volontés individuelles, molécules humaines, vers un centre commun où elles se confondent et se combinent en une volonté unique, résultante, qui est l'expression de l'intérêt général représenté et défendu par l'autorité (pouvoir exécutif).

La force liberté, force d'indépendance, au contraire, tend à soustraire les volontés individuelles à l'action absorbante de la force agrégation, à les éloigner du centre commun, à les rendre indépendantes.

Cette force a pour cause l'antipathie de l'homme pour tout ce qui le contraint et le gêne ; antipathie qui le porte à revenir sur les concessions faites à la force agrégation ; avide de jouissances, il tient à s'appartenir, afin de mieux contenter ses appétits, de mieux suivre ses penchants. De l'équilibre, d'une juste pondération entre ces deux forces, naît l'ordre et la prospérité publique, qui en est la conséquence.

Il est nécessaire, pour obtenir cet équilibre, que la force agrégation n'absorbe pas la force liberté ; il faut que la force liberté s'entende avec la force agrégation, l'une faisant à l'autre, dans une juste mesure, certaines concessions.

Ce résultat sera atteint, si les volontés individuelles concourent à la formation de la volonté collective, de la volonté résultante, l'effet étant toujours d'accord avec sa cause.

D'où nous concluons : Tout individu a droit de suffrage, à moins d'incapacité pour raison d'âge, ou d'indignité.

Ce droit sera-t-il absolu, radical, exclusif ? Non, il sera modifié par le milieu social dans lequel il se trouve, et partagera l'empire avec la propriété.

La révolution de février a traité avec trop de légèreté, trop de dédain la propriété ; elle a méconnu son importance.

La propriété est la fée dont la baguette magique a transformé notre demeure terrestre.

L'homme, en marchant à sa conquête, comme à la conquête de son indépendance, déploie cette activité, cette intelligence qui font éclore les sciences, les arts et l'industrie.

Que la propriété disparaisse, qu'elle soit seulement inquiétée dans son existence, tout change de face, la civilisation est frappée au cœur.

Citons, à l'appui de notre thèse, l'exemple de deux républiques de l'antiquité, de Sparte et d'A-thènes.

Lycurgue comprime par les lois sévères qu'il édicte l'expansion de l'esprit de propriété, Sparte reste une triste et misérable cité, peuplée de guerriers sauvages, obligés de vivre de rapines, tandis qu'Athènes, dont les lois sont plus conformes à la nature humaine, où l'ac-quisition de la propriété n'est pas contrariée, voit se produire dans son sein tout ce qui constitue le peuple le plus civilisé, des chefs-d'œuvre de toute sorte qui nous servent aujourd'hui de modèles en architecture, sculpture, peinture, poésie, philosophie, etc., sans que nous puissions les effacer.

La propriété étant un agent social indispensable a droit, par ce motif, à la protection la plus efficace de la société.

Si donc il est permis à l'individu de défendre, par le suffrage, la part d'individualité qu'il s'est réservée, la propriété, qui court de plus grands dangers, doit, à plus forte raison, user du même moyen pour repousser les attaques auxquelles elle est malheureusement trop exposée.

Mais la propriété est un être moral ; comme elle ne peut voter elle-même, à qui confiera-t-elle son mandat électoral ? Evidemment à celui qui a le plus d'intérêt à le bien remplir, à celui qui la possède.

L'action électorale de la propriété se confond ainsi avec celle de l'individu, de telle sorte que, si chacune de ces actions prise séparément représente une unité, ces deux actions réunies représenteront deux unités.

On voit que, pour abonder dans nos idées, le cens, signe de l'existence et de la valeur de la propriété, doit être rétabli. Nous entendons par propriété tout ce qui est productif de fruits ou d'intérêts, imposé ou imposable.

Le cens, qui témoigne de la fortune individuelle, est la part d'impôts exigée pour être électeur ; il est une garantie de moralité politique. Il faut bien qu'il présente des avantages sérieux, pour que Servius Tullius, roi de Rome, ait jugé à propos de le substituer au vote par tête (c'est-à-dire sans acception de cens), qui jusqu'alors avait été l'interprète des volontés populaires, et que celui-ci lui ait paru plein de dangers et de menaces.

On n'accusera pas ce prince d'avoir manqué de libéralisme et d'intelligence, lui qui a doté le pays qu'il administrait de tant d'institutions utiles, et qui, lorsqu'il fut assassiné par Tarquin-le-Superbe, se proposait d'abdiquer et d'installer le gouvernement républicain sur les ruines de la royauté.

Mais comment fixer la quotité du cens? Rien de plus simple : l'abaisser assez pour qu'il ne paraisse pas consacrer un privilége; l'élever assez pour que celui qui le paie soit intéressé à la conservation de la propriété.

Ce mode de fixation du cens est tout conventionnel ; bien que rationnel, renfermé dans les limites que nous avons fixées, il laisse une large place à l'arbitraire. Le cens conventionnel, néanmoins, est le seul, faute de mieux, qui ait été adopté jusqu'à ce jour.

Il y aurait cependant moyen (nous le croyons du moins) de donner au cens une base moins variable, plus positive, ce serait de diviser l'impôt général par le chiffre de la population et de prendre le quotient pour cens; partant de cette supposition qu'il y a eu un moment où les parts de biens afférentes à chaque citoyen ont été égales, ce qui leur donnait un droit égal, et que si elles sont devenues inégales, c'est par suite de l'inintelligence, de l'inconduite, des malheurs de quelques-uns d'entre eux qui, en aliénant tout ou partie de ce qui leur avait été dévolu, ont aliéné les droits qui y étaient attachés.

Le cens établi, quelle est la valeur relative des censitaires et des non-censitaires, autrement dit, combien faut-il de non-censitaires pour équivaloir à un censitaire? Calcul facile. Il en faudra autant que la somme d'impôts payée par les non-censitaires sera contenue de fois dans la somme d'impôts payée par les censitaires; c'est une division à faire, le quotient donne ce nombre.

Appliquant ces données, formulons; plusieurs formules se présentent.

La première formule consiste à diviser l'universalité des citoyens en deux classes : d'un côté, les électeurs censitaires; de l'autre, les non-censitaires. Les électeurs censitaires votent directement; les électeurs non-censitaires votent par représentation : deux d'entre eux, par exemple, s'entendent pour désigner un des leurs auquel ils donnent mandat de voter pour eux avec les censitaires. Il est à remarquer que le non-censitaire ainsi désigné devient possesseur, par délégation, de la quotité de cens nécessaire pour être électeur censitaire.

Deuxième formule : Les censitaires étant reconnus avoir une valeur double de celles dès non-censitaires nommeraient deux députés, tandis que les non-censitaires n'en nommeraient qu'un seul.

Troisième formule : Les non-censitaires retrancheraient de la liste des électeurs censitaires un certain nombre d'entre eux qui ne leur conviendraient pas. Ils procéderaient ainsi par voie de récusation comme en matière criminelle, considérant que la loi qui base la présomption de capacité électorale sur le cens peut se tromper, et qu'en définitive le candidat à élire est le magistrat qui prononcera sur les intérêts des uns et des autres.

Dans ce cas, on éliminerait autant de censitaires que de non-censitaires auraient été appelés à voter, par représentation, si on eût procédé d'après les errements de la première formule; ce nombre étant l'équivalent de celui qui aurait été retranché, dans ce cas, de la liste des non-censitaires. D'éliminés, les non-censitaires deviendraient alors, par droit de réciprocité, éliminateurs.

Enfin le droit de voter comme les censitaires serait accordé à tout capitaliste qui, ne payant pas le cens, consentirait à le payer pendant le temps qui s'écoulerait d'une législature à une autre. L'inscription, dans ce cas, aurait lieu sur les listes électorales au moment de leur révision, et sur la demande qui en serait faite ; ce qui serait pour l'Etat une source de revenus.

Tel est notre suffrage composite avec les combinaisons dont il est susceptible.

Il nous semble l'emporter de beaucoup sur le suffrage universel *usité* ; car, outre qu'il est universel comme lui, il respecte la véritable égalité, en appelant au vote, autant que possible, chacun selon son importance sociale.

Il a, de plus, l'avantage de rassurer les intérêts très-prompts à s'effrayer, la veille des élections ; car il est démontré que le sort en est confié à des mains qui ne sauraient les compromettre.

Enfin il n'y a, avec nos combinaisons, aucun inconvénient à laisser aux électeurs qui sont essentiellement des hommes d'ordre la faculté de choisir les députés dans toutes les classes de la société.

Nous sommes arrivé au bout de notre tâche ; l'aurons-nous remplie à la satisfaction de nos lecteurs, si tant est que nous en ayons ? C'est ce que nous saurons plus tard. — Si nous avons touché juste, nous serons heureux d'avoir enrayé le char de la révolution, qui ne porterait plus, selon l'expression d'Auguste Barbier, une femme aux regards courroucés, menaçants, semblable à une bacchante échevelée. — Non, notre liberté personnifiée à nous est plus séduisante : de Minerve elle a le port, le regard calme, réfléchi, attractif ; au lieu d'un casque, cependant, elle a le front ceint d'une couronne de fleurs ; au lieu d'une lance et d'un bouclier, elle tient d'une main une branche d'olivier, et de l'autre une corne d'où s'échappe l'abondance : voilà l'image de notre liberté, de la liberté objet de notre culte.

J.-B. Lachaume, avocat.

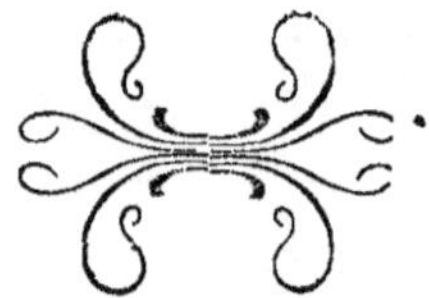

Roanne. — Imprimerie Sauzon, rue Impériale, 70.

www.ingramcontent.com/pod-product-compliance
Lightning Source LLC
Chambersburg PA
CBHW061201050726

47594CB00008B/3518